캐릭터 소개

헬로키티

- ♥ 생일: 11월 1일
- ♥ 태어난 곳: 영국 교외
- ♥ 좋아하는 음식: 엄마가 만들어 준 애플파이
- ♥ 좋아하는 것: 피아노 연주, 쿠키 만들기

마이멜로디

- ♥ 생일: 1월 18일
- ♥ 태어난 곳: 마리랜드에 있는 숲
- ♥ 좋아하는 음식: 엄마와 함께 쿠키 굽기
- ♥ 좋아하는 것: 아몬드 파운드케이크

쿠로미

- ♥ 생일: 10월 31일
- ♥ 매력 포인트: 검은색 두건과 핑크색 해골
- ♥ 취미: 일기 쓰기
- ♥ 좋아하는 색: 검은색

시나모롤

- ♥ 생일: 3월 6일
- ♥ 특기: 큰 귀로 하늘을 나는 것
- ♥ 취미: 카페 테라스에서 낮잠 자기
- ♥ 좋아하는 것: '카페 시나몬'의 시나몬롤, 코코아

퐁퐁푸린

- ♥ 생일: 4월 16일
- ♥ 취미: 신발 모으기
- ♥ 특기: 낮잠, 누구든지 친해지는 것
- ♥ 좋아하는 음식: 우유, 푹신푹신한 것,
  엄마가 만들어 주는 푸딩

포차코

- ♥ 생일: 2월 29일
- ♥ 매력 포인트: 아기 똥배
- ♥ 취미: 걷기, 놀기
- ♥ 좋아하는 음식: 바나나 아이스크림

한교동

- ♥ 생일: 3월 14일
- ♥ 취미: 한교동 굿즈 모으기
- ♥ 특기: 사람들을 즐겁게 하기
- ♥ 성격: 외로움이 많은 로맨티시스트

케로케로케로피

- ♥ 생일: 7월 10일
- ♥ 좋아하는 것: 모험
- ♥ 특기: 노래와 수영
- ♥ 성격: 활기찬 성격에 도넛 연못의
  인기쟁이

이 책의 구성

본문 구성

1 6개의 주제로 나누었어요.

2 초성, 그림자 퀴즈 등 다양한 퀴즈를 풀 수 있어요.

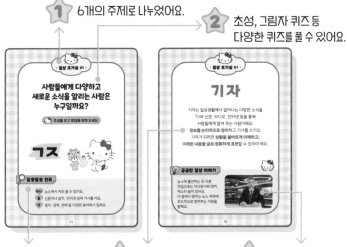

· 알쌍 호기심 01 ·

**사람들에게 다양하고
새로운 소식을 알리는 사람은
누구일까요?**

초성을 보고 정답을 맞혀보세요.

ㄱ ㅈ

알쏭달쏭 힌트

하나 뉴스에서 자주 볼 수 있어요.
둘 신문이나 잡지, 인터넷 등에 기사를 써요.
셋 정치, 경제, 연예 등 다양한 분야에서 일해요.

11

· 알쌍 호기심 01 ·

기자

기자는 일상생활에서 일어나는 다양한 소식을
TV와 신문, 라디오, 인터넷 등을 통해
사람들에게 알려 주는 사람이에요.
정보를 논리적으로 정리하고 기사를 쓰지요.
기자가 되려면 상황을 올바르게 이해하고,
이해한 내용을 글로 정확하게 표현할 수 있어야 해요.

궁금한 일상 이야기

뉴스에 출연하는 또 다른
직업으로는 아나운서와 앵커,
캐스터 등이 있어요.
이 중에서 앵커는 뉴스 제작에
주도적으로 참여하는 사람을
말해요.

12

3 '알쏭달쏭 힌트'를 보고 정답을 맞혀요.

4 정답에 대해 자세히 설명했어요.

5 '궁금한 이야기'를 사진과 함께 풀었어요.

부록 구성

6 알쏭달쏭 산리오캐릭터즈에 대한 퀴즈를 풀어요.

차례

이 책의 구성 ⋯⋯⋯⋯⋯⋯⋯⋯⋯⋯⋯⋯⋯⋯⋯⋯⋯⋯⋯⋯⋯⋯ 5

1장 일상 호기심 퀴즈 ● 8
♥ **산리오캐릭터즈 퀴즈** ● 41

2장 동물 호기심 퀴즈 ● 44
♥ **산리오캐릭터즈 퀴즈** ● 77

3장 자연 호기심 퀴즈 ● 80
♥ **산리오캐릭터즈 퀴즈** ● 113

 4장 우주 호기심 퀴즈 ● 116

♥ 산리오캐릭터즈 퀴즈 ● 149

5장 인체 호기심 퀴즈 ● 152

♥ 산리오캐릭터즈 퀴즈 ● 185

6장 미래 과학 호기심 퀴즈 ● 188

♥ 산리오캐릭터즈 퀴즈 ● 205

사람들에게
새로운 소식을 알리는
사람은?

잔칫날마다 먹던
기다란 음식은?

음식이 상하지 않도록
낮은 온도에서
보관하는 장치는?

떡과 양념을 함께
볶거나 끓여서
만드는 음식은?

·1장·
일상 호기심 퀴즈

일상 호기심 퀴즈

떡볶이

소방관

안경

기자

피아노

신기하고 재미있는 퀴즈를 풀어요!

사람들에게 다양하고 새로운 소식을 알리는 사람은 누구일까요?

 초성을 보고 정답을 맞혀 보세요.

 ㄱㅈ

🔍 알쏭달쏭 힌트

하나 뉴스에서 자주 볼 수 있어요.

둘 신문이나 잡지, 인터넷 등에 기사를 써요.

셋 정치, 경제, 연예 등 다양한 분야에서 일해요.

기자

기자는 일상생활에서 일어나는 다양한 소식을
TV와 신문, 라디오, 인터넷 등을 통해
사람들에게 알려 주는 사람이에요.
정보를 논리적으로 정리하고 기사를 쓰지요.
기자가 되려면 상황을 올바르게 이해하고,
이해한 내용을 글로 정확하게 표현할 수 있어야 해요.

 궁금한 일상 이야기

뉴스에 출연하는 또 다른
직업으로는 아나운서와 앵커,
캐스터 등이 있어요.
이 중에서 앵커는 뉴스 제작에
주도적으로 참여하는 사람을
말해요.

나는 무엇일까요?

 그림자를 보고 정답을 맞혀 보세요.

🔍 알쏭달쏭 힌트

하나 주로 키보드, 마우스와 함께 사용해요.

둘 정보를 찾는 등 다양한 일을 할 수 있어요.

셋 사람을 대신해 복잡하고 어려운 일을 해요.

컴퓨터

우리는 컴퓨터로 정말 다양한 일을 해요.
복잡한 식을 빠르게 계산하거나 뒤죽박죽 섞인
자료를 정리할 수 있고, 게임을 할 수도 있지요.
모니터, 키보드처럼 만질 수 있는 기계를 하드웨어,
게임이나 메모장처럼 컴퓨터 안에 들어 있는
프로그램을 소프트웨어라고 불러요.

 궁금한 일상 이야기

세계 최초의 다목적 컴퓨터는
1946년에 만들어진 '에니악'
이에요. 지금의 컴퓨터와 달리
커다랗고 무거운 데다 속도도
매우 느렸답니다. 무게가 무려
30톤이었어요.

멀리 있는 것을
선명하게 볼 수 있도록
도와주는 물건은 안경이에요.

 맞으면 O, 틀리면 X에 동그라미 하세요.

알쏭달쏭 힌트

하나 시력이 좋지 않을 때 써요.

둘 이것 대신에 콘택트렌즈를 쓰기도 해요.

셋 색깔을 넣어서 선글라스로 만들기도 해요.

안경은 시력이 좋지 않은 사람들이 물건이나 사람을
선명하게 볼 수 있도록 도와주는 물건이에요.
멀리 있는 것이 보이지 않는다면 오목렌즈,
가까이 있는 것이 보이지 않는다면
볼록렌즈로 안경을 만들어요.
우리나라는 조선 시대 때부터 안경을 썼어요.

 궁금한 일상 이야기

선글라스는 햇빛과 자외선을
차단하기 위해 색깔 있는
안경알로 만든 안경으로,
안경알에 도수를 추가해서 쓸 수
있어요. 시력을 보호하기 위해
꼭 써야 한답니다.

잔칫날마다 먹던 기다란 음식은 무엇일까요?

 표에서 글자를 찾아 동그라미 해 보세요.

남	김	만	진
오	이	두	부
정	모	국	수
유	가	린	빵

 알쏭달쏭 힌트

하나 잔치에 온 손님에게 이 음식을 주었어요.

둘 긴 면발이 '오래 사는 것'을 상징해요.

셋 달걀, 고기 등과 함께 먹어요.

국수

우리나라는 결혼식이나 생일처럼 즐거운 일이 생기면
잔치를 열었어요. 이때 잔치에 온 손님과 음식을
나누어 먹었지요. 국수는 길이가 긴 면발처럼
오래오래 잘 살라는 의미를 담은 음식이랍니다.
오늘날에는 언제 어디서나 쉽게 만날 수 있는
일상적인 음식이 되었어요.

 궁금한 일상 이야기

'고명'은 음식의 모양과 색을
돋보이게 하고, 맛을 더하기 위해
음식 위에 얹는 것이에요.
국수에는 달걀지단, 채 썬 오이,
볶은 소고기나 버섯 등
다양한 고명을 올려요.

음식이 상하지 않도록
낮은 온도에서 보관하는 장치는
무엇일까요?

 보기 3개 중에서 정답을 골라 보세요.

① 청소기
② 세탁기
③ 냉장고

알쏭달쏭 힌트

하나 상자처럼 네모난 모양이에요.

둘 사용하려면 전기가 필요해요.

셋 냉장실과 냉동실로 나뉘어 있어요.

③ 냉장고

냉장고는 낮은 온도에서 음식을 보관해
음식과 재료가 쉽게 상하는 것을 막아요.
음식을 낮은 온도로 보관할 수 있는 냉장실과
음식을 얼려서 보관하는 냉동실로 나뉘지요.
냉동실만 있는 냉동고와 김치를 보관할 때 사용하는
김치냉장고도 있답니다.

 ## 궁금한 일상 이야기

조선 시대에는 '석빙고'가
냉장고 역할을 했어요.
석빙고는 얼음을 저장하기 위해
만든 창고인데, 추운 겨울에
모은 얼음을 더운 여름에
사용했지요.

떡과 양념을 함께 볶거나 끓여서 만드는 음식은 무엇일까요?

초성을 보고 정답을 맞혀 보세요.

ㄸㅂㅇ

 알쏭달쏭 힌트

하나 어묵, 계란 등 다른 재료를 넣어도 맛있어요.

둘 고추장, 간장 등 다양한 양념으로 만들어요.

셋 우리나라의 대표적인 길거리 음식이에요.

떡볶이

떡볶이는 가래떡을 적당히 잘라
채소와 양념을 넣고 볶거나 끓여서 만들어요.
고추장을 넣어서 빨갛게 만든 떡볶이가 대표적인데,
국물 없이 기름에 볶은 기름떡볶이나
간장, 짜장, 카레 등 다른 양념으로 만들기도 하지요.
한국의 대표적인 길거리 음식 중 하나랍니다.

 ## 궁금한 일상 이야기

옛날 궁궐에서는 적당한 크기로
썬 가래떡과 고기, 전복, 채소 등
다양한 재료를 간장 양념에
볶았어요.
간장으로 간을 한 이 떡볶이를
'궁중 떡볶이'라고 해요.

나는 무엇일까요?

 그림자를 보고 정답을 맞혀 보세요.

 알쏭달쏭 힌트

하나 글을 쓰거나 그림을 그릴 때 사용해요.

둘 잘못 쓰면 지우개로 지울 수 있어요.

셋 쓸수록 길이가 짧아져요.

연필

연필은 글을 쓰거나 그림을 그릴 때 사용하는
필기도구예요. 썼다가 지울 수 있기 때문에
글씨를 배우기 시작할 때 많이 사용하지요.
흑연, 점토 등을 섞은 다음 높은 온도에 구워
흑심을 만들고, 겉에 나무를 둘러싸서 완성해요.
흑심의 단단함과 진함의 정도에 따라 종류가 다양해요.

 궁금한 일상 이야기

우리에게 익숙한 오늘날의
연필은 프랑스의 화가이자
화학자인 콩테가 1795년에
처음 발명했어요.
우리나라에서는 19세기
후반부터 사용했지요.

일상 호기심 08

먹으면 나이가
한 살 늘어나는 음식은
떡국이에요.

맞으면 O, 틀리면 X에 동그라미 하세요.

🔍 알쏭달쏭 힌트

하나 얇게 썬 가래떡을 넣고 끓인 음식이에요.

둘 여러 가지 고명을 올려요.

셋 주로 새해나 설날에 먹어요.

25

떡국은 주로 새해 첫날에 먹는 음식이에요.
가래떡을 동그랗게 썰어 끓인 국인데,
둥글고 얇은 떡의 모양이 엽전을 닮아
돈을 많이 벌라는 뜻이 담겨 있어요.
고명으로는 구운 소고기와 달걀지단,
김, 잣 등을 올려요.

궁금한 일상 이야기

떡국을 다른 말로 '첨세병'이라고
불러요. 첨세병은 '나이를 더하는
떡'이라는 뜻이지요.
옛날에는 떡국 한 그릇을 먹으면
나이를 한 살 먹는다고 생각해서
이렇게 불렀답니다.

다른 언어를 쓰는 외국인과 대화할 수 있도록 도와주는 사람은 누구일까요?

 표에서 글자를 찾아 동그라미 해 보세요.

고	건	축	가
양	통	영	화
이	역	강	학
말	사	준	무

🔍 알쏭달쏭 힌트

하나 대화를 듣고 다른 언어로 바꿔서 말해요.

둘 손짓을 사용하는 수어로 바꾸기도 해요.

셋 번역가와 비슷한 직업이에요.

통역사

언어가 달라 말이 통하지 않는 사람과
대화할 수 있도록 도와주는 사람을
통역사라고 불러요. 영어, 일본어, 중국어 등
다른 나라 말을 우리나라 말로 바꿔 주고,
반대로 우리나라 말을 다른 나라 말로 바꿔서
전달하기도 하지요.

궁금한 일상 이야기

사람들의 대화를 돕는 통역사와
달리, 번역가는 글을 다른 언어로
바꾸는 사람이에요.
책이나 영화, 게임 등 다양한
분야의 글을 번역하려면 글을
이해하는 능력이 필요하답니다.

우유와 설탕, 달걀 등 다양한 재료를 얼린 음식은 무엇일까요?

 보기 3개 중에서 정답을 골라 보세요.

① 피자
② 초콜릿
③ 아이스크림

 알쏭달쏭 힌트 ⋯⋯⋯⋯⋯⋯⋯⋯⋯⋯⋯⋯⋯⋯⋯⋯⋯

하나 차갑고 달콤한 음식이에요.

둘 여러 가지 모양과 다양한 맛이 있어요.

셋 많이 먹으면 배탈이 날 수 있어요.

③ 아이스크림

아이스크림은 우유와 설탕을 차갑게 얼려서
만든 음식이에요. 더운 여름에 자주 먹지요.
초콜릿, 딸기, 녹차 등 여러 가지 맛이 있고,
식감과 모양이 다양해요.
차가운 음식이기 때문에 많이 먹으면
배탈이 나거나 머리가 아플 수 있어요.

궁금한 일상 이야기

옛날에도 우리가 아는
아이스크림과 아주 비슷한
음식을 먹었어요.
차가운 눈과 얼음에
우유나 꿀을 뿌려 먹거나
과일을 얹어 먹었다고 해요.

컴퓨터로 여러 가지 프로그램을 만드는 사람은 누구일까요?

 초성을 보고 정답을 맞혀 보세요.

ㅍㄹㄱㄹㅁ

 알쏭달쏭 힌트

하나 컴퓨터 프로그램을 만드는 직업이에요.

둘 컴퓨터의 언어를 사용해요.

셋 '프로게이머'와 이름이 비슷해요.

프로그래머

컴퓨터 시스템이나 프로그램을 개발하는 사람을
프로그래머라고 해요.
프로그래머는 컴퓨터 언어를 사용해
컴퓨터와 소통한답니다.
우리가 자주 사용하는 프로그램과 게임은
모두 프로그래머가 만들어요.

 궁금한 일상 이야기

프로그래머와 이름이 비슷한
프로게이머는 비디오 게임
경기를 하는 것이 직업인
사람을 뜻해요.
비디오 게임 대회에 참가해서
다른 게이머들과 경쟁하지요.

나는 무엇일까요?

그림자를 보고 정답을 맞혀 보세요.

 알쏭달쏭 힌트

하나 음악을 연주할 때 쓰는 기구예요.

둘 건반 악기이자 타악기이고, 또 현악기예요.

셋 전 세계적으로 인기가 많아요.

피아노

피아노는 여러 개의 흰색과 검은색 건반을 눌러
소리를 내는 악기예요.
흰색 건반을 누르면 기본음이 나고,
검은색 건반을 누르면 변화음이 나지요.
건반을 누르는 위치와 강약을 조절하면서
다양한 멜로디를 연주할 수 있답니다.

 궁금한 일상 이야기

피아니스트는 피아노 연주를
직업으로 하는 사람이에요.
건반을 눌러 다양한 멜로디를
만들지요. 피아노를 매우 잘
연주해서 듣는 사람들에게
기쁨을 준답니다.

소방관은
달콤한 케이크와
쿠키를 만들어요.

맞으면 O, 틀리면 X에 동그라미 하세요.

🔍 알쏭달쏭 힌트

하나 사람들을 보호하는 직업이에요.

둘 불이 난 곳이라면 어디든 달려와요.

셋 커다란 소방차를 타고 이동해요.

소방관은 불이 난 곳에 출동해서
불을 끄는 사람이에요. 물을 뿌려 온도를 낮추고,
연소에 필요한 산소를 차단해 불을 끄지요.
또 지진 등 위험한 상황에서 사람들을 구해요.
맛있는 케이크와 쿠키를 만드는 사람은
제과사라고 불러요.

 궁금한 일상 이야기

소방관은 소방대원과 구조대원,
구급대원으로 나뉘어요.
소방대원은 불을 끄고,
구조대원은 사람들을 구하고,
구급대원은 다친 사람을
병원으로 옮기지요.

커다란 날개로
하늘을 날아다니는 교통수단은
무엇일까요?

 표에서 글자를 찾아 동그라미 해 보세요.

트	럭	차	택
철	비	행	기
동	전	거	모
지	하	시	아

🔍 알쏭달쏭 힌트

하나 20세기 초, 라이트 형제가 발명했어요.

둘 공항에 가면 쉽게 볼 수 있어요.

셋 동요 가사를 떠올려 보아요. '떴다 떴다 ○○○~♪'

비행기

프로펠러를 돌리거나 연료를 사용해서
하늘을 나는 기계를 비행기라고 해요.
비행기가 발명되기 전에는 열기구를 탔는데,
느리다는 단점이 있었지요.
사람들은 비행기를 타고 다른 나라나 도시로
여행을 가거나 물건을 실어 옮겨요.

 ## 궁금한 일상 이야기

비행기 날개 위쪽은 공기의
흐름이 빨라져 압력이 낮아지고,
아래쪽은 반대로 느려져 압력이
높아져요. 비행기 아래쪽 공기가
위쪽으로 공기를 밀어 올려서
높이 뜰 수 있답니다.

연필, 물감 등 다양한 재료로 그림을 그리는 사람은 누구일까요?

 보기 3개 중에서 정답을 골라 보세요.

① 화가
② 의사
③ 가수

 알쏭달쏭 힌트

하나 사람과 건물, 풍경 등 다양한 대상을 그려요.

둘 그림을 모아 전시회를 열기도 해요.

셋 대표적으로 피카소, 다빈치가 있어요.

① 화가

화가는 그림을 그리는 사람이에요.
다양한 재료로 자신이 원하는 대상을 그리지요.
어떤 화가는 사람을 그리는 초상화를 많이 그리고,
어떤 화가는 자연을 그리는 풍경화를 많이 그려요.
그림을 그리는 방식을 '화풍'이라고 하는데,
화풍에 따라 화가들을 분류하기도 해요.

 궁금한 일상 이야기

예술가 중에는 재료를 깎아
조각하는 조각가, 붓으로 글씨를
쓰는 서예가, 도자기를 만드는
도예가, 만화를 그리는
만화가도 있어요. 예술가를
작가라고도 부른답니다.

산리오캐릭터즈 01

헬로키티가
가장 좋아하는 음식은
무엇일까요?

 초성을 보고 정답을 맞혀 보세요.

ㅇㅍㅍㅇ

🔍 알쏭달쏭 힌트

하나 헬로키티의 엄마는 이 음식을 잘 만들어요.

둘 새콤달콤한 음식이에요.

셋 과일로 만든 디저트예요.

정답: 애플파이

41

나는 누구일까요?

 그림자를 보고 정답을 맞혀 보세요.

알쏭달쏭 힌트

하나 평화로운 마리랜드에서 태어났어요.

둘 아몬드 파운드케이크를 좋아해요.

셋 빨갛고 하얀 물방울 모양의 버섯과 키가 비슷해요.

정답: 마이멜로디

42

자칭 마이멜로디의 라이벌인 쿠로미는 연애 소설을 좋아해요.

 맞으면 O, 틀리면 X에 동그라미 하세요.

OX

 알쏭달쏭 힌트

하나 가끔 짓궂을 때도 있어요.

둘 사실은 소녀 감성을 지니고 있어요.

셋 쿠로미의 취미는 일기 쓰기예요.

O :답정

크면서
꼬리가 사라지는
동물은?

두 발로 뒤뚱뒤뚱
걸어 다니는
동물은?

지느러미가
세모 모양인
물속 동물은?

배경에 따라
몸 색깔이 바뀌는
동물은?

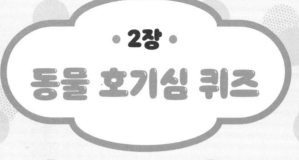

• 2장 •
동물 호기심 퀴즈

동물 호기심 퀴즈

펭귄　악어　나비　코끼리　꿀벌

신기하고 재미있는 퀴즈를 풀어요!

기다란 코를 손처럼 자유롭게 사용하는 동물은 누구일까요?

 초성을 보고 정답을 맞혀 보세요.

ㅋㄲㄹ

알쏭달쏭 힌트

하나 땅에서 생활하는 동물 중에 가장 커요.

둘 커다랗고 얇은 귀를 팔랑팔랑 움직여요.

셋 굵은 다리와 평평한 발을 가지고 있어요.

코끼리

열대 우림과 초원, 사막에서 가족끼리 모여 사는
코끼리는 긴 코로 다양한 일을 할 수 있어요.
친구들과 대화할 때, 물을 마시거나 뿌릴 때,
무거운 물건을 들 때도 코를 사용하지요.
또 하루에 300킬로그램 정도의 식물을 먹는답니다.
몸집이 큰 만큼 힘도 아주 세요.

 궁금한 동물 이야기

코끼리는 기억력이 매우 뛰어난
동물로, 모성애가 강한 것이
특징이에요. 그래서 암컷이
무리의 우두머리를 맡지요.
다 큰 수컷 코끼리는
무리를 떠나 혼자 산답니다.

나는 어떤 동물일까요?

 그림자를 보고 정답을 맞혀 보세요.

알쏭달쏭 힌트

하나 단단한 등딱지를 가지고 있어요.

둘 종류마다 땅, 바다 등 사는 곳이 달라요.

셋 〈토끼와 ○○〉에서 토끼와 달리기 경주를 했어요.

49

거북

거북은 단단한 등딱지 속에 머리와 꼬리, 발을
숨길 수 있는 파충류예요. 땅에 사는 육지거북,
바다에 사는 바다거북, 땅과 바다를 오가며 사는
반수생거북으로 나눌 수 있지요.
파충류는 부화할 때 주변의 온도에 따라
성별이 결정되기도 하는데, 거북 역시 그렇답니다.

궁금한 동물 이야기

거북은 파충류 중에서도
굉장히 오래 사는 동물이에요.
그래서 장수(오래 사는 것)의
상징 중 하나이기도 하지요.
땅거북은 150년 넘게 살기도
한답니다.

크면서 꼬리가 사라지는 동물은 개구리예요.

 맞으면 O, 틀리면 X에 동그라미 하세요.

🔍 **알쏭달쏭 힌트**

하나 어릴 때는 '올챙이'라고 불러요.

둘 네 발로 폴짝폴짝 뛰어 다녀요.

셋 축축한 물가에서 많이 볼 수 있어요.

알에서 부화한 올챙이는 꼬리로 헤엄치는데,
시간이 지나면 꼬리가 사라지고
다리가 생기면서 개구리가 돼요.
개구리는 긴 혀를 쭉 내밀어 벌레를 잡아먹고,
뒷다리를 이용해 높이 뛸 수 있으며, 몸 색깔을
주변과 비슷하게 바꿔 자신의 몸을 보호해요.

 궁금한 동물 이야기

일부 개구리는 독이 있어요.
독개구리는 독이 있는 생물을
먹고, 그 독을 몸에 저장한답니다.
색깔이 화려해서 눈에 띄지요.
대표적으로 독화살개구리와
옴개구리가 있어요.

동물 호기심 04

몸에 검은색과 흰색 줄무늬가 그려진 동물은 누구일까요?

 표에서 글자를 찾아 동그라미 해 보세요.

기	린	사	자
판	얼	룩	말
곰	다	물	타
치	조	개	닭

 알쏭달쏭 힌트

하나 네 발로 걷는 초식 동물이에요.

둘 아프리카에서 무리 지어 살아요.

셋 말의 친척이에요.

얼룩말

얼룩말은 검은색과 흰색 줄무늬를 가지고 있어요.
사람의 지문처럼 줄무늬 모양이 모두 달라서,
얼룩말들은 줄무늬를 보고 누구인지 알아본다고 해요.
눈이 머리 옆에 있어서 주변을 잘 살필 수 있고,
후각과 청력이 뛰어나답니다.
아프리카의 사바나 초원에서 만날 수 있지요.

 궁금한 동물 이야기

얼룩말의 피부는 검은색이에요.
여기에 검은색, 흰색 털이 나서
얼룩무늬가 되지요.
얼룩말은 무리를 지어 다니는데,
무리가 함께 움직여 포식자의
공격을 피한답니다.

산타클로스의 썰매를 끄는 루돌프는 어떤 동물일까요?

 보기 3개 중에서 정답을 골라 보세요.

① 사자
② 순록
③ 타조

알쏭달쏭 힌트

하나 암컷과 수컷 모두 머리에 멋진 뿔이 있어요.

둘 발굽이 넓고 평평해서 눈에 발이 빠지지 않아요.

셋 1년 중 대부분이 눈으로 덮인 추운 곳에 살아요.

동물 호기심 05

② 순록

산타클로스의 썰매를 끄는 루돌프는 순록이에요.
순록은 북유럽과 시베리아, 알래스카 등에 사는
사슴과 동물인데, 추위에 매우 강해요.
발굽이 넓고 평평해서 눈에 발이 빠지지 않는답니다.
순록의 코가 빨갛게 보이는 것은
코에 가느다란 혈관이 몰려 있기 때문이에요.

  궁금한 동물 이야기

순록의 눈이 여름에
금색이었다가 겨울에 파랗게
변하는 경우가 있어요.
이것은 눈 안쪽에서 반사하는
빛의 파장이나 양이 다르기
때문이랍니다.

두 발로 뒤뚱뒤뚱 걸어 다니는 동물은 누구일까요?

 초성을 보고 정답을 맞혀 보세요.

 알쏭달쏭 힌트

하나 날개가 있지만 날지 못하는 새예요.

둘 남극을 상징하는 동물이에요.

셋 등은 검은색이고, 배는 하얀색이에요.

펭귄

펭귄은 날지 못하지만 헤엄을 잘 쳐요.
남극 등에 살면서 새우와 물고기, 오징어를 먹지요.
주로 바다에서 사는데, 새끼를 낳을 때와
털갈이 때만 땅으로 올라온답니다.
펭귄 중에 가장 큰 황제펭귄은 키가 약 1.2미터이고,
몸무게가 약 30킬로그램이라고 해요.

 궁금한 동물 이야기

황제펭귄은 암컷이 알을 낳으면
수컷이 발등에 알을 올리고
따뜻하게 품어요.
새끼일 때는 솜털로 덮여 있는데,
시간이 지나면 솜털이 빠지고
깃털이 난답니다.

동물 호기심 07

나는 어떤 동물일까요?

 그림자를 보고 정답을 맞혀 보세요.

 알쏭달쏭 힌트

하나 깃털이 붉은색이에요.

둘 타조나 두루미와 비슷하게 생겼어요.

셋 목과 다리가 아주 길어요.

홍학

플라밍고라고도 부르는 홍학은
유럽과 아프리카 등 다양한 지역에 살아요.
날아다니는 새 중에 목이 가장 길고 유연해서,
목을 구부리면 머리를 날개 아래에 넣을 수 있지요.
쉴 때는 한쪽 다리를 몸 가까이 들어 올리고,
나머지 한쪽 다리로만 서 있는답니다.

궁금한 동물 이야기

홍학이 주로 먹는 갑각류에는
붉은 색소가 있어요.
그래서 새끼 때 회색이던 깃털이
시간이 지나면서 붉어지지요.
다 큰 홍학의 털은 분홍색이나
빨간색이랍니다.

파충류 중에서 몸집이 가장 커다란 동물은 사자예요.

 맞으면 O, 틀리면 X에 동그라미 하세요.

 알쏭달쏭 힌트

하나 날카로운 이빨이 있어요.

둘 수영을 아주 잘해요.

셋 종류를 가리지 않고 모두 잡아먹어요.

X

파충류 중에 몸집이 가장 큰 동물은 악어예요.
악어는 도마뱀과 비슷하지만, 최대 6미터까지 자라고
몸무게가 1,000킬로그램 정도지요.
머리 위쪽에 있는 눈과 구부러진 다리 덕분에
물속과 땅을 오가며 생활할 수 있어요.
대부분의 악어가 물 밖에서 빠르게 뛸 수 있답니다.

 궁금한 동물 이야기

악어 같은 파충류는 주변의
온도에 따라 체온이 변하는
변온 동물이에요.
그래서 체온을 높이기 위해
햇빛을 쬐거나 그늘에서
입을 벌리고 몸을 식힌답니다.

'까악까악' 울면서
날아다니는 동물은
누구일까요?

 표에서 글자를 찾아 동그라미 해 보세요.

토	도	바	뱀
멧	까	끼	청
돼	마	설	람
지	귀	티	모

알쏭달쏭 힌트

하나 깃털이 검은색이에요.

둘 반짝이는 물건을 좋아해요.

셋 똑똑한 동물 중 하나예요.

까마귀

까마귀는 온몸이 검은색 깃털로 덮여 있고,
부리와 다리도 검은색이에요.
여러 마리가 무리 지어 생활하지요.
대부분의 동물들과 달리 거울에 비친
자신의 모습을 알아볼 만큼 똑똑하답니다.
머리가 좋아서 은혜를 잊지 않는다고 해요.

궁금한 동물 이야기

〈견우와 직녀〉 이야기에서
견우와 직녀는 벌을 받아
서로 멀리 떨어지게 되었어요.
까마귀와 까치는 두 사람이
다시 만날 수 있도록 하늘에
다리를 만들어 주었지요.

배경에 따라
몸 색깔이 바뀌는 동물은
누구일까요?

 보기 3개 중에서 정답을 골라 보세요.

① 오리
② 카멜레온
③ 치타

🔍 알쏭달쏭 힌트

하나 도마뱀 중 하나예요.

둘 두 눈이 각각 360도로 돌아가요.

셋 혀가 자신의 몸길이만큼 늘어나요.

② 카멜레온

몸 색깔이 바뀌는 동물은 카멜레온이에요.
실제로 몸 색깔이 바뀌는 것은 아니고,
반사판 역할을 하는 피부를 움직여서
빛이 반사되는 각도를 바꾸는 것이랍니다.
우리는 반사된 빛으로 색깔을 구분하기 때문에
카멜레온의 몸 색깔이 달라진 것처럼 보이지요.

 궁금한 동물 이야기

카멜레온의 몸 색깔은
온도와 기분에 따라 바뀌어요.
두려울 때는 어두운 색,
편안할 때는 초록색이 되지요.
주변과 비슷한 색깔로 바꾸어서
자신의 몸을 보호해요.

항상 나무 위에서
느릿느릿 움직이는 동물은
누구일까요?

 초성을 보고 정답을 맞혀 보세요.

ㄴㅁㄴㅂ

🔍 알쏭달쏭 힌트

하나 '나무'와 '느림보'가 합쳐진 이름이에요.

둘 움직임이 적어서 조금만 먹어도 살 수 있어요.

셋 주로 나뭇잎을 먹어요.

나무늘보

나무늘보는 아주 느리게 움직이는 동물이에요.
근육이 적은 대신 에너지도 적게 쓰지요.
먹은 나뭇잎을 소화하려면 한 달 넘게 걸린답니다.
항상 나무에 매달려 있어서 잘 걷지 못하지만,
휘어진 발톱과 가벼운 몸무게를 이용해서
얇은 나뭇가지에도 매달릴 수 있어요.

궁금한 동물 이야기

나무늘보는 나뭇잎을 먹는데,
이 나뭇잎은 영양분이 부족해요.
그래서 에너지를 아끼려고
하루에 15시간 정도 잔답니다.
움직이지 않아 적의 눈에 띄는
경우가 적다고 해요.

동물 호기심 12

나는 어떤 동물일까요?

그림자를 보고 정답을 맞혀 보세요.

 알쏭달쏭 힌트

하나 날개에 아름다운 무늬가 있어요.

둘 꽃가루를 옮겨서 꽃의 번식을 도와요.

셋 알에서 태어나, 여러 과정을 거쳐 성장해요.

69

나비

나비는 아름다운 날개로 팔랑팔랑 날아다녀요.
나비의 날개와 몸은 '인분'이라는
아주 작은 비늘 모양의 가루로 덮여 있는데,
인분 덕분에 비에 젖지 않고 거미줄을 피할 수 있지요.
나비는 날개가 크고 가벼워서
이리저리 빠르게 날 수 있답니다.

 궁금한 동물 이야기

나비는 알에서 태어나 애벌레가
되고, 번데기 시기를 거쳐
성충(다 자란 곤충)인 나비가
된답니다.
애벌레와 번데기일 때는
나비와 전혀 다른 모습이에요.

동물 호기심 13

끈적한 줄을 쳐서 먹이를 잡아먹는 동물은 개미예요.

 맞으면 O, 틀리면 X에 동그라미 하세요.

🔍 **알쏭달쏭 힌트**

하나 다리가 네 쌍으로, 모두 여덟 개예요.

둘 독을 가지고 있어요.

셋 항문 근처의 돌기에서 실을 뽑아요.

거미는 거미줄을 쳐서 먹이를 잡아먹어요.
거미줄은 가늘지만 튼튼하고 잘 늘어나는데,
가로줄에 끈끈한 점성이 있지요. 그래서
파리처럼 작은 곤충들이 쉽게 벗어날 수 없답니다.
거미는 거미줄의 이런 특성을 이용해 사냥해요.
개미의 다리는 거미와 달리 세 쌍이에요.

 궁금한 동물 이야기

모든 거미가 거미줄을 치는 것은
아니에요. 배회성 거미는
거미줄을 치지 않고 돌아다니며
먹이를 사냥한답니다.
반대로 정주성 거미는 거미줄을
치고 그곳에 걸린 먹이를 먹지요.

세모 모양의 지느러미가 특징인 물속 동물은 누구일까요?

 표에서 글자를 찾아 동그라미 해 보세요.

불	해	고	래
포	가	오	리
상	어	사	코
마	조	개	바

알쏭달쏭 힌트

하나 바다의 포식자예요.

둘 날카로운 이빨을 가지고 있어요.

셋 영어로 'shark'라고 해요.

73

상어

상어의 종류는 아주 다양해요.
영화에 자주 등장하는 백상아리부터
독특하게 생긴 톱상어와 귀상어,
고래처럼 성격이 온화한 고래상어도 있지요.
상어의 피부는 뾰족한 돌기가 있는 방패비늘로
덮여 있어서 빠르게 헤엄칠 수 있답니다.

궁금한 동물 이야기

상어는 상처를 입어도 감염되지
않아요. 늙지 않는 능력도
뛰어나다고 하지요.
대부분 시력이 좋지만 색깔을
구분할 수 없어서 흑백으로만
볼 수 있어요.

꿀과 꽃가루를 모으고,
꽃이 열매를 맺도록 돕는 동물은
누구일까요?

 보기 3개 중에서 정답을 골라 보세요.

① 사마귀
② 지렁이
③ 꿀벌

 알쏭달쏭 힌트

하나 투명한 날개로 빠르게 날아요.

둘 노란색 몸통에 검은색 선이 있어요.

셋 각자 할 일이 나눠져 있어요.

③ 꿀벌

꿀벌은 겨울에 먹을 꽃의 꿀과 꽃가루를 모아요.
꽃이 열매나 씨앗을 맺으려면
수분(꽃가루받이)이라는 과정이 필요한데,
꿀벌이 꽃가루를 옮기면서 꽃의 수분을 도와요.
겁이 많아 사람을 무서워하기 때문에
먼저 건드리지 않으면 공격하지 않는다고 해요.

 궁금한 동물 이야기

꿀벌은 여러 마리가 커다란
벌집에서 함께 살아요.
무리 속에서 여왕벌과 일벌,
수벌로 나뉘어 사회를 이루지요.
알은 오직 여왕벌만 낳을 수
있답니다.

시나모롤이 지내는 카페의 이름은 무엇일까요?
(카페 ○○○)

> 표에서 글자를 찾아 동그라미 해 보세요.

하	시	나	몬
늘	기	쁨	낮
모	코	아	잠
차	롤	커	피

 알쏭달쏭 힌트

하나   향신료 중 하나로, 독특한 향기가 나요.

둘   시나모롤의 이름과 비슷해요.

셋   시나모롤은 카페의 ○○○롤을 좋아해요.

정답 : 시나몬

외출을 좋아하고, 혼자 집 지키기를 싫어하는 골든 리트리버는 누구일까요?

보기 3개 중에서 정답을 골라 보세요.

① **헬로키티**
② **폼폼푸린**
③ **마이멜로디**

 알쏭달쏭 힌트

하나 짙은 갈색 베레모를 쓰고 있어요.

둘 신발 모으는 것이 취미예요.

셋 주인 누나의 집 현관에 있는 푸린용 바구니에 살아요.

포차코가 좋아하는 아이스크림은 무슨 맛일까요?

 초성을 보고 정답을 맞혀 보세요.

ㅂㄴㄴ

알쏭달쏭 힌트

하나 길쭉하고 노란색 과일이에요.

둘 껍질을 까면 하얀 알맹이가 나와요.

셋 부드럽고 달콤한 맛이에요.

정답 : 바나나

비와 바람이
함께 오는
자연재해는?

구름이 내려와서
주변이 흐릿하게
보이는 현상은?

알록달록한
무지개가 생기는
이유는?

지구의 온도가
점점 높아지는
현상은?

· 3장 ·
자연 호기심 퀴즈

자연 호기심 퀴즈

구름   무지개   태풍   번개   홍수

신기하고 재미있는 퀴즈를 풀어요!

강력한 비와 바람이 함께 오는 *자연재해는 무엇일까요?

 초성을 보고 정답을 맞혀 보세요.

ㅌㅍ

*자연재해: 피할 수 없는 자연 현상 때문에 생기는 피해.

알쏭달쏭 힌트

하나 지구의 자전 때문에 생겨요.

둘 강력한 열대 저기압이에요.

셋 수증기가 주는 에너지를 이용해 점점 커져요.

태풍

뜨거운 지역의 공기가 하늘로 올라가
만들어진 구름들이 모여 태풍이 돼요.
태풍이 오면 비가 많이 내리고 바람이 세게 불지요.
태풍의 바람은 왼쪽보다 오른쪽에 더 강하게 부는데,
어떤 지역에서 만들어졌는지에 따라
태풍, 허리케인, 사이클론이라고 불러요.

 궁금한 자연 이야기

여러 개의 태풍이 한꺼번에 오면
헷갈릴 수 있기 때문에 태풍에도
이름을 붙여요. 태풍의 영향을
받는 나라들이 각 나라의 문화를
반영해 짓지요.
'개미', '제비' 등이 있답니다.

나는 무엇일까요?

 그림자를 보고 정답을 맞혀 보세요.

 알쏭달쏭 힌트

하나 하늘에 둥둥 떠 있어요.

둘 수증기가 물방울이 되면서 생겨요.

셋 높이와 모양에 따라 종류를 나눠요.

자연 호기심 02

구름

하늘을 보면 둥둥 떠다니는 구름을 볼 수 있어요.
물이 햇빛을 받으면 기체인 수증기가 되고,
수증기가 먼지 등을 만나면 물방울로 변해요.
이렇게 생긴 물방울이 모이면 구름이 되지요.
구름이 많아져 하늘을 덮으면 날씨가 흐려진답니다.
구름은 높이와 모양에 따라 이름이 달라요.

 궁금한 자연 이야기

구름이 하얀색인 이유는 햇빛이
구름 속 물방울에 부딪혀
사방으로 흩어지기 때문이에요.
구름이 두꺼워지면 물방울이
빛을 흡수해 어두운 색으로
보이지요.

햇빛을 오랫동안 쬐면 피부가 부드럽고 좋아져요.

 맞으면 O, 틀리면 X에 동그라미 하세요.

🔍 알쏭달쏭 힌트

하나 햇빛에는 자외선이 포함되어 있어요.

둘 태양을 바로 쳐다보면 눈에 좋지 않아요.

셋 외출할 때는 자외선 차단제를 발라야 해요.

햇빛은 우리 몸에 필요한 비타민D를 만들어요.
햇빛을 쬐면 기분이 좋아지는 호르몬이 나오고,
면역력도 좋아진답니다.
하지만 햇빛에는 자외선이 포함되어 있어요.
자외선을 많이 쬐면 피부가 빨리 늙고,
심할 경우 화상을 입으니 조심해야 해요.

 궁금한 자연 이야기

외출할 때는 자외선 차단제를
꼼꼼히 발라야 해요. 또 모자나
선글라스, 긴 옷을 입으면
따가운 햇빛으로부터 피부를
보호할 수 있답니다. 햇빛이 강한
시간을 피하는 것도 중요해요.

구름이 땅까지 내려와서 주변이 흐릿하게 보이는 현상은 무엇일까요?

표에서 글자를 찾아 동그라미 해 보세요.

장	마	가	뭄
달	햇	빛	표
안	개	단	지
리	구	오	판

알쏭달쏭 힌트

하나 주로 새벽이나 아침에 나타나요.

둘 뿌얘져서 앞이 잘 보이지 않아요.

셋 영국에서 이 현상이 많이 생겨요.

89

안개

안개는 구름처럼 수증기가 먼지 등을 만나
물방울로 변하는 현상을 말해요.
땅에 가까운 구름으로,
주변의 습도와 온도, 바람에 따라 생기지요.
새벽이나 아침에 많이 생기는데,
낮이 되어 온도가 올라가면 줄어든답니다.

 궁금한 자연 이야기

안개가 심하게 끼면 앞이
잘 보이지 않아서 위험해요.
그래서 사고가 나지 않도록
평소보다 더 조심해야 하지요.
안개가 심한 날에는 공항에서
비행기를 띄우지 않는답니다.

알록달록하고
아름다운 무지개는
왜 생길까요?

보기 3개 중에서 정답을 골라 보세요.

① 햇빛이 물방울을 만나
  *굴절되는 속도가 달라서
② 새들이 무리 지어 날아서
③ 비행기가 지나가서

*굴절: 빛, 물결 등이 다른 물건으로 들어갈 때 진행 방향이 바뀌는 현상.

알쏭달쏭 힌트

하나   비가 그친 다음에 생겨요.

둘   빛은 물방울을 만나면 굴절, 반사돼요.

셋   실제로 존재하지 않고, 눈으로만 보여요.

① 햇빛이 물방울을 만나 굴절되는 속도가 달라서

무지개는 수증기에 의해
햇빛이 굴절되고 반사되면서 나타나요.
비가 그치고 날이 개면 볼 수 있지요.
무지개의 색깔들은 확실하게 구분되어 있지 않아요.
크게 구분하면 일곱 색깔이지만,
그 사이에 무수히 많은 색깔이 있답니다.

 궁금한 자연 이야기

옛날에 동양 사람들은 하늘에
뜬 알록달록한 무지개를 보며
나쁜 일이 생길지도 모른다며
두려워했어요.
반대로 서양에서는 무지개가
행운의 상징이었답니다.

땅이 심하게 흔들리고 갈라지는 자연재해는 무엇일까요?

 초성을 보고 정답을 맞혀 보세요.

ㅈㅈ

 알쏭달쏭 힌트

하나 이것 때문에 산사태가 일어나기도 해요.

둘 바다에서 생기면 쓰나미가 일어날 수 있어요.

셋 책상 밑으로 피하고 머리를 보호해야 해요.

지진

지진은 지구 안쪽에서 생긴 진동 때문에
땅이 흔들리고 갈라지는 현상이에요.
땅속에는 항상 일정한 힘이 작용하고 있는데,
힘의 균형이 깨지면서 진동이 발생하지요.
화산이 폭발하거나 별똥별이 떨어질 때도
지진이 나타날 수 있어요.

 궁금한 자연 이야기

지진에는 '규모'와 '진도'라는
말을 써요.
규모는 지진의 절대적인
세기이고, 진도는 내가 있는
곳에서 느껴지는 상대적인
세기를 의미하지요.

나는 무엇일까요?

 그림자를 보고 정답을 맞혀 보세요.

 알쏭달쏭 힌트

하나 두껍고 기다란 기둥이 있어요.

둘 가을에 잎사귀 색깔이 변하기도 해요.

셋 새들이 집을 짓거나 쉬었다 가요.

나무

나무는 땅에 뿌리를 내리고 자라는 식물이에요.
지구에서 아주 중요한 식물 중 하나지요.
이산화 탄소를 흡수해 산소로 만들고,
더운 여름에 쉴 수 있는 그늘과
동물들의 집이 되어 준답니다.
나무로 종이 등 다양한 물건을 만들 수도 있어요.

 궁금한 자연 이야기

대나무는 이름에 '나무'가
들어가지만, 나무가 아니라
풀이에요.
키는 크지만 굵어지지 않아서
나무의 조건에 맞지 않기
때문이지요.

여름에 오랫동안 비가 내리는 기간을 장마라고 해요.

 맞으면 O, 틀리면 X에 동그라미 하세요.

O X

 알쏭달쏭 힌트

하나 우리나라는 보통 6~7월에 나타나요.

둘 이 기간이 지나면 엄청 더워져요.

셋 가뭄을 해결해 농사에 도움이 되기도 해요.

장마는 6월과 7월 사이, 여러 날 동안 비가 내리는
기간을 뜻해요. 구름 때문에 햇빛의 양이 줄고,
흐린 날씨가 이어지지요. 비가 많이 와서
산사태 같은 사고가 생길 수 있으니 조심해야 해요.
한편 가뭄을 해결할 수 있고,
공기를 깨끗하게 만들어 준다는 장점도 있답니다.

 궁금한 자연 이야기

지역마다 차이가 있지만,
1년 동안 내리는 비의 30~50%
정도가 장마 때 내려요.
지구 온난화가 심해지면서
장마 기간을 예측하기가
더 어려워졌다고 해요.

우리 눈에 보이지 않지만 공기 속에 있는 먼지는 무엇일까요?

 표에서 글자를 찾아 동그라미 해 보세요.

기	미	레	조
도	세	귀	처
재	먼	노	타
배	지	만	카

알쏭달쏭 힌트

하나 너무 작아서 눈으로 볼 수 없어요.

둘 몸에 좋지 않은 나쁜 물질이에요.

셋 바람을 타고 우리나라로 와요.

미세 먼지

미세 먼지는 아주 작아서 눈으로 확인할 수 없어요.
'미세'는 아주 작다는 뜻이지요.
공기 중에 떠다니는 미세 먼지는
목이나 피부, 눈에 병이 생기게 해요.
또 공기를 더럽게 만들어 건물을 녹슬게 한답니다.
미세 먼지가 심한 날에는 꼭 마스크를 써야 해요.

 궁금한 자연 이야기

미세 먼지는 공장이나 자동차가
내뿜는 매연 때문에 생겨요.
미세 먼지와 비슷한 황사는
사막처럼 건조한 곳의 먼지나
모래가 바람을 타고 이동하는
현상이지요.

지구의 온도가 점점 높아지는 현상은 무엇일까요?

 보기 3개 중에서 정답을 골라 보세요.

① 장마
② 지진
③ 지구 온난화

 알쏭달쏭 힌트

하나 지구를 둘러싼 온실가스 때문이에요.

둘 태양열이 지구 밖으로 나가지 못해요.

셋 지구의 온도는 계속 높아지고 있어요.

③ 지구 온난화

지구의 온도가 점점 높아지는 현상을
지구 온난화라고 해요. 자동차나 공장에서 생긴
이산화 탄소와 메탄 등이 하늘에 쌓여서
지구를 지나치게 따뜻하게 만들지요.
지구가 따뜻해지면 빙하가 녹아 바닷물의 높이가
올라가고, 동물과 식물들이 살기 어려워져요.

 궁금한 자연 이야기

지구 온난화를 막으려면
석탄과 석유 대신 바람과 전기,
태양열로 만드는 대체 에너지를
사용하는 것이 중요해요.
평소에 일회용품을 덜 쓰는 것도
도움이 되지요.

하늘에서 갑자기 무언가 번쩍 빛나는 현상은 무엇일까요?

 초성을 보고 정답을 맞혀 보세요.

ㅂㄱ

🔍 알쏭달쏭 힌트

하나 구름 속에 있는 전기 때문에 생겨요.

둘 비가 오는 날에 자주 볼 수 있어요.

셋 가끔은 땅에 떨어지기도 해요.

번개

번개는 구름 속에서 전기들끼리
서로 부딪혀 생기는 엄청난 에너지의 불꽃이에요.
커다란 소리의 천둥과 함께 나타나는 경우가 많지요.
번개가 땅에 내려와 떨어지는 것을 벼락이라고 해요.
벼락이 칠 때는 주변보다 몸을 낮추고,
건물이나 자동차 안으로 몸을 피해야 해요.

 궁금한 자연 이야기

천둥과 번개가 함께 칠 때는,
번개가 먼저 번쩍이고
천둥소리가 뒤따라 들려요.
빛이 소리보다 빠르기 때문에
번개가 먼저 보이고 천둥소리가
나중에 들리는 것이랍니다.

자연 호기심 12

나는 무엇일까요?

그림자를 보고 정답을 맞혀 보세요.

 알쏭달쏭 힌트

하나 겨울에 자주 볼 수 있어요.

둘 이것으로 눈사람을 만들 수 있어요.

셋 온 세상을 흰색으로 만들어요.

눈

구름 속의 작은 물방울들이 많이 모여서 커지면
무거워져요. 무거워진 물방울들은
공중에 떠 있지 못하고 떨어지지요.
이때 물방울이 그대로 떨어지면 비가 되고,
얼어붙은 채 떨어지면 눈이 된답니다.
그래서 추운 겨울에 눈을 자주 볼 수 있어요.

 궁금한 자연 이야기

눈을 돋보기나 현미경으로
살펴보면, 눈의 모양이 전부
다르다는 것을 알 수 있어요.
눈의 모양이 다양한 것은
구름의 온도와 수증기의 양 등이
다르기 때문이지요.

비가 많이 와서
강이나 하천의 물이 불어나는
자연재해는 폭설이에요.

 맞으면 O, 틀리면 X에 동그라미 하세요.

O X

 알쏭달쏭 힌트

하나 물건들이 물에 떠내려가기도 해요.

둘 건물이 물에 잠길 때도 있어요.

셋 피해를 입지 않도록 예방하는 것이 중요해요.

홍수는 비가 많이 와서 강물이 넘치거나
태풍 때문에 바닷물이 넘쳐서 생겨요.
홍수가 나면 물건들이 불어난 물에 휩쓸려 떠내려가고,
건물이 물에 잠기는 등 큰 피해가 생기지요.
원래대로 되돌리는 데에도 많은 시간이 걸린답니다.
폭설은 갑자기 많이 내리는 눈을 말해요.

 궁금한 자연 이야기

갑자기 세차게 쏟아지는 비인
폭우 때문에 홍수 피해가 더
커지기도 해요.
한 지역에는 폭우가 내리고,
다른 지역에는 물이 부족해
큰 문제가 되고 있지요.

비가 1~2시간 정도 짧게 내렸다가 그치는 현상은 무엇일까요?

 표에서 글자를 찾아 동그라미 해 보세요.

열	대	야	비
지	번	개	소
천	진	산	나
둥	벼	락	기

알쏭달쏭 힌트

하나 강하고 세찬 비가 내려요.

둘 천둥, 번개와 함께 올 때도 있어요.

셋 날씨가 맑을 때 내리면 '여우비'라고 불러요.

소나기

소나기는 짧은 시간에 갑자기 내리는 비를 말해요.
1~2시간 정도 세차게 내리다가 그치지요.
소나기가 내리는 것은 날씨가 더워져
땅이 뜨거워지고, 구름이 많기 때문이에요.
그래서 주로 더운 한여름에 나타난답니다.
소나기가 그치면 하늘이 맑아져요.

 궁금한 자연 이야기

소나기가 내릴 때는 하늘이
흐리지만, 여우비가 내릴 때는
하늘이 맑다는 차이점이 있어요.
'여우가 시집가는 날' 또는
'호랑이가 장가가는 날'이라고
재미있게 말하기도 해요.

오랫동안 비가 오지 않아서
생기는 자연재해는
무엇일까요?

 보기 3개 중에서 정답을 골라 보세요.

① 가뭄
② 지진
③ 홍수

 알쏭달쏭 힌트

하나 우리나라에서는 주로 겨울에 나타나요.

둘 산불과 미세 먼지가 자주 발생해요.

셋 농사에 큰 피해를 줘요.

① 가뭄

가뭄은 오랫동안 비가 오지 않아
땅과 물이 바짝 마르는 자연재해예요.
가뭄이 오래되면 강이나 호수의 물이 줄어서
곡식이나 채소가 자라기 어려워요.
땅이 건조해져서 산불이 나기 쉽고,
미세 먼지가 심해진답니다.

 궁금한 자연 이야기

가뭄과 홍수는 정반대의
자연재해예요. 비가 오랫동안
오지 않으면 가뭄이 들고,
비가 너무 많이 오면 홍수가
난답니다. 사람들은 자연재해를
예방하기 위해 노력하지요.

나는 누구일까요?

 그림자를 보고 정답을 맞혀 보세요.

알쏭달쏭 힌트

하나 중국에서 태어난 인어예요.

둘 유머 감각이 있어서 주위를 웃게 해요.

셋 외로움을 많이 타는 로맨티시스트예요.

정답: 한교동

활기찬 성격의 케로케로케로피의 가족은 다섯 명이에요.

 맞으면 O, 틀리면 X에 동그라미 하세요.

O X

알쏭달쏭 힌트

하나 아빠는 의사이고, 엄마는 레스토랑을 해요.

둘 누나 피키는 나무 타기를 좋아해요.

셋 남동생 고로피는 기계 다루기를 좋아해요.

정답: O

산리오캐릭터즈 09

헬로키티 가족과 함께 사는 남자아이의 이름은 무엇일까요?

 표에서 글자를 찾아 동그라미 해 보세요.

로	다	가	엘
티	메	리	조
피	하	미	지
타	이	니	참

 알쏭달쏭 힌트

하나 헬로키티를 따라 리본을 달고 있어요.

둘 헬로키티를 좋아해서 무엇이든 따라 해요.

셋 여섯 쌍둥이로, 이름에 '타이니' 가 들어가요.

니미타 : 답정

우리가
살고 있는 행성의
이름은?

지구의
단 하나뿐인
위성은?

달이
태양을 가리는
현상은?

달과 지구의
중력 차이는?

·4장·

우주 호기심 퀴즈

우주 호기심 퀴즈

우주선

자전

지구

은하

블랙홀

신기하고 재미있는 퀴즈를 풀어요!

우리가 살고 있는
이 행성의 이름은
무엇일까요?

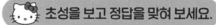
초성을 보고 정답을 맞혀 보세요.

알쏭달쏭 힌트

하나 동그란 모양이에요.

둘 푸른 바다와 넓은 땅이 있어요.

셋 영어로는 'earth'라고 해요.

지구

태양으로부터 세 번째 행성인 지구는
표면의 70%가 바다이고, 나머지 30%는 땅이지요.
다른 행성과 달리 공기와 물이 있기 때문에
사람과 동물, 식물이 살 수 있답니다.
지구의 나이는 약 46억 년이고,
태양계에서 여섯 번째로 무거운 천체라고 해요.

궁금한 우주 이야기

둥그런 지구는 여러 층으로
이루어져 있어요.
가장 바깥쪽부터 지각, 맨틀,
외핵, 내핵 순서랍니다.
우리가 살고 있는 땅과 바다는
지각이에요.

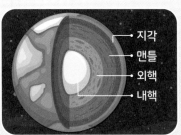

지각
맨틀
외핵
내핵

나는 무엇일까요?

 그림자를 보고 정답을 맞혀 보세요.

알쏭달쏭 힌트

하나 우주를 날아다니는 비행 물체예요.

둘 우주를 관찰하고 탐험하기 위해서 만들었어요.

셋 우주 비행사들을 태우고 우주로 가기도 해요.

우주선

우주선은 우주로 날아가기 위해 만든 비행 물체예요.
사람이 타는 기계와 타지 않는 인공위성 모두
우주선이지요. 우주 비행사들은 우주선을 타고
우주에 대해 직접 관찰하고 탐험해요.
지구 밖으로 나가는 것은 굉장히 위험하기 때문에
우주선을 안전하게 만드는 것이 중요하답니다.

 궁금한 우주 이야기

우주에 가는 우주 비행사들은
우주복을 입어요. 우주복을
입으면 온도를 조절하고,
압력을 유지할 수 있지요.
또 산소를 공급해 우주에서도
숨 쉴 수 있답니다.

옛날 사람들은 지구가 평평하다고 생각했어요.

 맞으면 O, 틀리면 X에 동그라미 하세요.

O X

🔍 알쏭달쏭 힌트

하나 지구가 납작한 원반처럼 생겼다고 주장했어요.

둘 지구 가장자리에 얼음벽이 있다고 믿었어요.

셋 옛날에는 우주로 나가 지구를 볼 수 없었어요.

지구가 평평하다는 주장을 '지구 평면설'이라고 해요.
옛날 사람들은 지구가 평평하다고 생각했어요.
오늘날과 달리 우주에서 지구를 보거나,
하늘에서 땅을 관찰할 수 없었기 때문이지요.
과학 기술이 발달하면서 지구가 둥글다는 사실이
널리 알려지기 시작했답니다.

 궁금한 우주 이야기

고대 그리스의 수학자인
에라토스테네스는 지구의 둘레를
계산했어요. 아주 오래전에
계산한 것인데, 놀랍게도 실제
둘레와 약 6,000킬로미터밖에
차이 나지 않는답니다.

© NASA

태양과 지구가 포함된
행성계의 이름은
무엇일까요?

표에서 글자를 찾아 동그라미 해 보세요.

아	해	먼	지
목	성	당	분
서	가	포	탄
태	양	계	코

 알쏭달쏭 힌트

하나 태양을 중심으로 구성되어 있어요.

둘 태양을 빼고 여덟 개의 행성이 있어요.

셋 명왕성은 이제 이것에 포함되지 않아요.

125

태양계

태양을 중심으로 다양한 행성이
주기적으로 도는 행성계를 태양계라고 해요.
여덟 개의 행성과 소행성, 위성 등이
태양 주변을 끊임없이 돌고 있지요.
여덟 개의 행성으로는 수성, 금성, 지구,
화성, 목성, 토성, 천왕성, 해왕성이 있답니다.

 궁금한 우주 이야기

2006년, 태양에서 가장 멀리
떨어진 명왕성이 행성이 아닌
왜행성으로 분류되었어요.
그래서 태양계의 행성이
아홉 개에서 여덟 개로
줄었답니다.

ⓒ NASA

수많은 *천체들이
모인 무리는
무엇일까요?

 보기 3개 중에서 정답을 골라 보세요.

① 혜성
② 은하
③ 별똥별

*천체: 우주에 있는
모든 물체.

 알쏭달쏭 힌트

하나 태양계는 '우리 은하'에 속해 있어요.

둘 우주에는 이것이 정말 많아요.

셋 은빛 강처럼 보여서 은하수라고 불러요.

② 은하

수많은 천체가 모인 무리는 은하예요.
은하는 우주를 이루는 기본 단위로,
한 은하에 수천억 개의 별이 있지요.
지구와 태양계는 '우리 은하'에 포함되어 있어요.
우리 은하는 중심 부분이 막대처럼 생긴
막대 나선 은하인데, 나선 팔 쪽에 태양계가 있답니다.

 궁금한 우주 이야기

빛은 1초에 지구를 7.5바퀴나
돌 수 있을 정도로 빨라요.
우리 은하의 한쪽 끝에서
반대쪽 끝으로 가려면 이렇게
빠른 빛의 속도로도 약 10만
년이 걸린답니다.

ⓒ NASA

지구의
단 하나뿐인 *위성은
무엇일까요?

 초성을 보고 정답을 맞혀 보세요.

*위성: 다른 천체의
주위를 도는 천체.

 알쏭달쏭 힌트

하나 밤하늘에서 볼 수 있어요.

둘 이곳에는 공기가 없어요.

셋 지구처럼 둥그런 모양이에요.

달

지구의 단 하나뿐인 위성은 바로 달이에요.
위성이란 다른 천체의 주위를 도는 천체인데,
달은 언제나 지구 주위를 돌고 있지요.
스스로 빛날 수 없는 달이 밝게 보이는 것은
달에 닿은 태양 빛이 지구 쪽으로
반사되기 때문이에요.

💡 궁금한 우주 이야기

달은 언제나 둥글지만,
초승달과 보름달처럼 모양이
달라지는 것처럼 보여요.
달이 지구 주위를 돌면서
태양 빛을 받는 각도가 달라지기
때문이지요.

© NASA

나는 무엇일까요?

 그림자를 보고 정답을 맞혀 보세요.

 알쏭달쏭 힌트

하나 태양계에서 두 번째로 큰 행성이에요.

둘 둘레에 아름답고 거대한 고리가 있어요.

셋 지구보다 약 95배 무거워요.

토성

토성은 태양계의 여섯 번째 행성이에요.
아름다운 고리로 유명한데,
얼음과 먼지, 작은 돌 조각들로 이루어져 있어요.
지구가 스스로 한 바퀴 도는 데
24시간이 걸리는 것과 달리,
토성은 약 10시간 39분밖에 걸리지 않는답니다.

궁금한 우주 이야기

태양계에서는 수성과 금성을
제외한 모든 행성이 위성을
가지고 있어요. 그중에서 특히
토성과 목성은 수많은 위성을
가지고 있고, 지금도 발견되고
있답니다.

© NASA

우주 호기심 08

지구가 하루에
한 바퀴씩 도는 것을
자전이라고 해요.

맞으면 O, 틀리면 X에 동그라미 하세요.

🔍 **알쏭달쏭 힌트**

하나 태양은 제자리에 가만히 있어요.

둘 지구는 매일 움직여요.

셋 지구는 자전과 공전을 동시에 해요.

133

천체는 기준이 되는 중심축을 기준으로 자전하는데,
지구는 1시간에 최대 1,600킬로미터를 돌아요.
또 1초에 약 30킬로미터를 움직이며
태양의 주위를 돌지요. 지구에 있는 물체들은
지구와 같은 속도로 움직이기 때문에
지구의 움직임을 느낄 수 없답니다.

 궁금한 우주 이야기

지구의 자천축은 약 23.5도
기울어져 있어요. 그래서
계절의 변화가 생기지요.
지구의 한쪽이 태양을 향하면
여름이 되고, 반대쪽은 겨울이
된답니다.

↖ 자전축

지구가 태양의 주위를
도는 운동은
무엇일까요?

표에서 글자를 찾아 동그라미 해 보세요.

은	하	공	별
혜	성	전	오
우	달	홀	로
주	태	양	라

🔍 **알쏭달쏭 힌트**

하나 달도 지구의 주위를 돌고 있어요.

둘 지구는 태양의 주위를 1년에 한 바퀴씩 돌아요.

셋 이것을 하지 않으면 계절이 바뀌지 않아요.

공전

지구가 태양의 주위를 도는 것처럼,
한 천체가 다른 천체의 영향을 받아
주위를 일정하게 도는 운동을 공전이라고 해요.
공전은 지구의 날씨에 큰 영향을 준답니다.
지구는 약 1년을 주기로 태양의 주위를 공전하고,
달은 약 27일을 주기로 지구의 주위를 공전하지요.

궁금한 우주 이야기

지구와 다르게, 달은 자기 축을
한 바퀴 도는 자전과 지구를
한 바퀴 도는 공전 주기가
똑같아요.
그래서 우리는 항상 달의
같은 면만 볼 수 있지요.

© NASA

주변에 있는 모든 것을 빨아들이는 구멍은 무엇일까요?

 보기 3개 중에서 정답을 골라 보세요.

① 블랙홀
② 오로라
③ 혜성

 알쏭달쏭 힌트

하나 우리 눈으로는 볼 수 없어요.

둘 전파 망원경으로 위치를 확인할 수 있어요.

셋 주변의 빛까지 모두 삼켜 버려요.

① 블랙홀

블랙홀은 주변에 있는 것을 엄청난 힘으로
끌어당기는 우주의 검은 구멍이에요.
중력이 매우 강해서 빛을 포함한 모든 물질을
삼키지요. 커다랗고 무거운 별이 죽을 때
강력한 폭발이 일어나는데, 별이 폭발한 뒤
남은 물질이 뭉쳐져 블랙홀이 된다고 해요.

 궁금한 우주 이야기

우리는 물체가 반사하는 빛을
통해 물체를 볼 수 있어요.
그런데 블랙홀은 빛까지도
전부 삼켜 버리기 때문에
우리 눈으로 블랙홀을 볼 수
없답니다.

ⓒ NASA

지구에서
가장 가까운 별은
무엇일까요?

 초성을 보고 정답을 맞혀 보세요.

🔍 **알쏭달쏭 힌트**

하나 스스로 빛을 내는 별이에요.

둘 지구는 항상 이것의 주변을 돌고 있어요.

셋 '해'라고도 불러요.

태양

스스로 빛을 내는 별을 '항성'이라고 해요.
태양계의 유일한 항성인 태양은
지구에서 가장 가까운 별이기도 하지요.
태양이 내뿜는 빛과 열 에너지가
지구를 따뜻하게 만들어서, 인간을 포함한
다양한 생물이 살 수 있답니다.

 궁금한 우주 이야기

태양의 바깥쪽 온도는
약 5,500도로 무척 뜨거워요.
안쪽의 온도는 훨씬 높지요.
그래서 태양에 가까이 가는
우주선은 열에 녹지 않는
튼튼한 재료로 만든답니다.

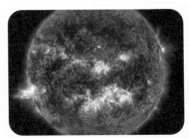

© NASA

나는 무엇일까요?

 그림자를 보고 정답을 맞혀 보세요.

 알쏭달쏭 힌트

하나 밤하늘에서 밝게 빛나고 있어요.

둘 태양도 이것 중 하나예요.

셋 노래를 불러 볼까요? '반짝반짝 작은 ○~♪'

우주 호기심 12

별

별은 스스로 빛을 내는 항성이에요.
반짝반짝 빛나는 것처럼 보이지만,
진짜 반짝이는 것은 아니랍니다.
지구의 공기는 항상 움직이는데, 아주 먼 곳에서
지구까지 날아온 별빛이 움직이는 공기와 만나
흔들리는 것처럼 보이는 것이지요.

 궁금한 우주 이야기

밤하늘의 별은 우리가
상상할 수 없을 만큼 아주 멀리
떨어져 있어요.
그래서 우리가 보는 별은
몇 백 년이나 몇 천 년 전의
별이 보낸 빛이랍니다.

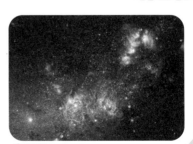

© NASA

달이 태양을 가리는 현상을 월식이라고 해요.

 맞으면 O, 틀리면 X에 동그라미 하세요.

알쏭달쏭 힌트

하나 월식과 일식이 있어요.

둘 지구와 달의 공전 때문에 생겨요.

셋 '식'은 한자로, 가린다는 뜻이에요.

달이 태양을 가리는 현상은 일식이에요.
지구는 태양의 주변을 공전하고,
달은 지구의 주변을 공전해요. 그러다 어느 순간
태양과 달, 지구가 나란히 한 줄에 서지요.
이때 지구에서 하늘을 보면 달이 태양을
가리는 것처럼 보여서 일식이라고 부른답니다.

 궁금한 우주 이야기

월식은 달이 지구 그림자에
가려지는 현상이에요. 태양과
지구, 달이 순서대로 놓였을 때
일어나지요. 달이 모두 가려지는
개기 월식, 부분만 가려지는
부분 월식이 있어요.

우주의 암석이나 먼지가 지구로 떨어지는 것은 무엇일까요?

 표에서 글자를 찾아 동그라미 해 보세요.

은	하	수	태
달	별	유	성
블	랙	홀	토
행	마	계	미

🔍 알쏭달쏭 힌트

하나 사람들은 이것을 보고 소원을 빌어요.

둘 땅에 떨어지면 운석이 생겨요.

셋 '별똥별'이라고도 불러요.

유성

지구 주변을 돌던 작은 돌과 먼지들은
지구의 공기층과 만나면 빛을 내며 떨어져요.
이것을 유성 또는 별똥별이라고 하지요.
별똥별은 불타며 떨어지는데,
전부 타지 않고 땅에 떨어질 때가 있어요.
땅에 떨어진 별똥별이 바로 운석이랍니다.

궁금한 우주 이야기

하늘에서 별똥별이 한꺼번에
떨어지는 현상을 '유성우'라고
해요.
유성우는 일주일 이상
계속되는데, 별똥별이 비처럼
떨어지는 모습이 아름답지요.

· 우주 호기심 15 ·

달의 *중력은
지구와 얼마나
다를까요?

 보기 3개 중에서 정답을 골라 보세요.

① 지구보다 강하다.
② 지구와 똑같다.
③ 지구보다 약하다.

*중력: 물체를 끌어당기는 힘.

 알쏭달쏭 힌트

하나 달은 '저중력' 상태예요.

둘 지구가 달보다 무거워요.

셋 달에서 걷는 모습을 상상해 보세요.

③ 지구보다 약하다.

달의 중력은 지구의 6분의 1로 지구보다 더 약해요.
달에서는 물체의 무게도 6분의 1로 줄어들지요.
달에서 걸을 때 몸이 공중에 뜨는 것도
중력의 차이 때문이에요. 달과 지구의 중력이
다르기 때문에 우주 비행사들은 달에 가기 전에
중력의 차이에 적응하는 훈련을 받아요.

궁금한 우주 이야기

처음 달에 간 우주 비행사가
발자국을 찍었어요. 달에는
공기와 물이 없어서, 발자국이
바람이나 비에 쓸려 사라지지
않지요. 그래서 발자국은 아주
오랫동안 남아 있을 거예요.

ⓒ NASA

148

산리오캐릭터즈 10

마이멜로디가
소중하게 생각하는 보물은
무엇일까요?

 보기 3개 중에서 정답을 골라 보세요.

① **귀여운 두건**
② **빨간색 버섯**
③ **초코 쿠키**

 알쏭달쏭 힌트

하나 마이멜로디의 할머니가 만들어 주셨어요.

둘 마이멜로디와 잘 어울려요.

셋 머리에 쓰는 물건이에요.

정답: ① 귀여운 두건

149

쿠로미가
좋아하는 색깔은
무엇일까요?

 초성을 보고 정답을 맞혀 보세요.

ㄱㅇㅅ

 알쏭달쏭 힌트

하나 쿠로미가 자주 쓰고 다니는 두건의 색깔이에요.

둘 강하고 멋진 느낌을 주는 색깔이에요.

셋 밤하늘처럼 어두운 색깔이에요.

정답: 검은색

산리오캐릭터즈 12

시나모롤의 컵에
어떤 음료가
들었을까요?

힌트를 보고 정답을 맞혀 보세요.

?

 알쏭달쏭 힌트

하나 시나모롤이 좋아하는 음료예요.

둘 갈색이고, 달콤한 맛이 나요.

셋 카카오나무 열매로 만들어요.

정답: 코코아

사람의 두피에서
매일 자라는
털은?

음식의 맛을
느낄 수 있도록
하는 기관은?

음식이
위로 전달되는
통로는?

말하고 움직이도록
지시를 내리는
기관은?

· 5장 ·

인체 호기심 퀴즈

인체 호기심 퀴즈

눈동자 심장 배꼽 속눈썹 귀

신기하고 재미있는 퀴즈를 풀어요!

양치질을 꼼꼼히 하지 않으면 치아에 생기는 이것은 무엇일까요?

 초성을 보고 정답을 맞혀 보세요.

ㅊㅊ

🔍 **알쏭달쏭 힌트**

하나 이것이 생기면 이가 아파요.

둘 치료하려면 치과에 가야 해요.

셋 치아 사이에 남은 음식 찌꺼기 때문에 생겨요.

충치

충치는 '벌레 먹은 치아'라는 뜻이에요.
충치가 생기면 벌레가 치아를 갉아먹은 것처럼
보이기 때문에 이런 이름이 붙었다고 해요.
입안에 사는 세균들이 치아에 남은
음식을 먹고 이를 썩게 만든답니다.
양치질을 잘하면 충치가 생기는 것을 막을 수 있어요.

 궁금한 인체 이야기

옛날에는 껍질을 벗긴
나뭇가지나 소금을 사용해
양치질했어요.
양치질할 때는 칫솔로 치아
구석구석을 꼼꼼하게 닦는 것이
중요하답니다.

나는 무엇일까요?

 그림자를 보고 정답을 맞혀 보세요.

 알쏭달쏭 힌트

하나 얼굴의 가운데에 있는데, 구멍이 두 개 있어요.

둘 이것을 통해 냄새를 맡을 수 있어요.

셋 안쪽에 털이 나 있어요.

코

우리는 코로 냄새를 맡고, 숨을 쉬어요.
콧구멍 속에 난 수많은 코털은
공기 속에 있는 먼지가 몸으로 들어오지 못하게 막지요.
이때 콧물에 먼지가 섞여 말라붙으면
코딱지가 된답니다.
그래서 코딱지에는 세균과 먼지가 많아요.

궁금한 인체 이야기

눈물을 흘릴 때 콧물이 같이
나오는 것은 눈과 코, 입이
하나로 이어져 있어서예요.
눈물주머니가 꽉 차면 눈물이
코로 이동해서 눈물과 콧물이
함께 나오지요.

눈에 이물질이 들어가지 않게 막아 주는 것은 속눈썹이에요.

 맞으면 O, 틀리면 X에 동그라미 하세요.

🔍 알쏭달쏭 힌트

하나 눈꺼풀의 가장자리에 나 있어요.

둘 예민해서 작은 먼지만 닿아도 눈을 감게 만들어요.

셋 자주 빠져서 눈에 들어가기도 해요.

속눈썹은 눈의 위아래에 있는 작은 털들이에요.
바람이나 먼지가 눈에 들어오는 것을 막아
눈을 보호하는 역할을 하지요.
속눈썹 개수는 사람마다 다른데,
위쪽 속눈썹은 약 150개, 아래쪽 속눈썹은
약 80개 정도 자란답니다.

 궁금한 인체 이야기

속눈썹이 자라는 속도는
사람마다 다르지만, 보통
하루에 0.15밀리미터씩
자란다고 해요. 이렇게 매일
꾸준히 자라도 머리카락처럼
길어지지 않는답니다.

사람의 두피에서 매일 자라는 털은 무엇일까요?

표에서 글자를 찾아 동그라미 해 보세요.

속	코	입	술
눈	손	발	가
썹	톱	지	초
머	리	카	락

 알쏭달쏭 힌트

하나 좋아하는 색깔로 염색할 수 있어요.

둘 구불구불한 모양으로 나기도 해요.

셋 나이가 들면 흰색 털이 자라요.

머리카락

머리카락은 매일 0.3밀리미터씩 자라요.
따가운 햇빛이나 차가운 바람,
위험한 충격으로부터 머리를 보호하지요.
머리카락 색깔은 몸속의 멜라닌 색소가 결정하는데,
멜라닌이 많으면 머리카락 색이 진하고,
부족하면 흰색 머리카락이 나요.

 ## 궁금한 인체 이야기

사람의 머리카락은 10~14만 개
정도예요. 머리카락을 감고,
말리고, 빗으면서 하루에
50~100개 정도 빠지지요.
빠진 자리에서는 새로운
머리카락이 또 자란답니다.

우리가 말하고 움직이도록 지시를 내리는 기관은 무엇일까요?

 보기 3개 중에서 정답을 골라 보세요.

① 뇌
② 눈
③ 손

🔍 알쏭달쏭 힌트

하나 머리의 두개골 안에 있어요.

둘 우리가 보고, 듣고, 느낀 것들을 판단해요.

셋 몸에 꼭 필요한 기관 중 하나예요.

① 뇌

뇌는 신경을 통해 우리가 보고, 듣고,
느낀 것들을 전달받아 판단해요.
그런 다음 우리가 직접 생각하고, 말하고,
행동하도록 지시를 내리지요.
심장과 함께 우리 몸에 꼭 필요한 기관이며
단단한 두개골로 보호받고 있답니다.

 궁금한 인체 이야기

뇌의 크기가 지능과 관련이
있을 수 있지만, 뇌가 큰 사람이
작은 사람보다 무조건
똑똑한 것은 아니에요.
지능은 뇌의 크기보다 구조에
큰 영향을 받기 때문이지요.

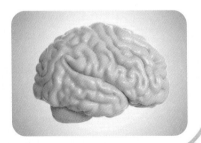

음식을 먹고 나서 항문으로 나오는 가스예요.

 초성을 보고 정답을 맞혀 보세요.

ㅂㄱ

🔍 알쏭달쏭 힌트

하나 고구마나 옥수수를 먹으면 더 많이 나와요.

둘 계란 같은 단백질을 먹으면 냄새가 지독해요.

셋 뿡뿡 소리가 나기도 해요.

방귀

우리가 먹은 음식은 위와 소장에서 소화되고,
음식 찌꺼기는 대장으로 내려가요.
대장에서 음식 찌꺼기를
더 작게 만드는 과정에서 생긴 가스가
항문으로 나오는 것이 방귀지요.
먹은 음식에 따라 방귀 냄새가 달라진답니다.

 궁금한 인체 이야기

사람은 하루에 14번 정도
방귀를 뀌어요.
방귀를 억지로 참았을 때 배가
아픈 것은, 자연스럽게 몸 밖으로
나가야 할 가스가 장에 쌓였기
때문이에요.

인체 호기심 07

나는 무엇일까요?

 그림자를 보고 정답을 맞혀 보세요.

 알쏭달쏭 힌트

하나 우리 몸에서 가장 아래에 있어요.

둘 걷거나 서 있을 때 사용해요.

셋 깨끗이 씻지 않으면 냄새가 나요.

발

발은 몸이 똑바로 걷고 설 수 있도록
단단하게 잡아 주는 기관이에요.
양쪽 다리 끝에 하나씩 있고,
각 발마다 다섯 개의 발가락이 달려 있지요.
발바닥의 오목한 부분으로 체중을 버티고,
충격을 줄인답니다.

 궁금한 인체 이야기

발에는 혈관이 아주 많아서
'제2의 심장'이라고 불리기도
하지요.
발은 사람의 체중을 버텨야
하기 때문에 다른 기관보다
뼈도 많고 근육도 강해요.

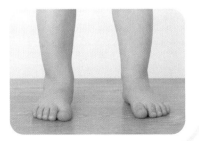

입안에서 음식이
잘 섞이도록 도와주는 것은
눈물이에요.

 맞으면 O, 틀리면 X에 동그라미 하세요.

O X

🔍 **알쏭달쏭 힌트**

하나 위 속의 음식이 소화되는 것을 도와요.

둘 혀 밑에 있는 침샘에서 생겨요.

셋 한자로 '타액'이라고도 해요.

입안에서 음식이 잘 섞이도록
도와주는 것은 눈물이 아니라 침이에요.
침은 입안을 촉촉하게 만들어요.
'아밀레이스'라는 성분이 포함되어 있어서
위에서 음식이 잘 소화되도록 돕지요.
또 충치가 생기지 않도록 예방한답니다.

 궁금한 인체 이야기

아기도 침샘에서 침이 나와요.
하지만 어른처럼 삼키는 능력이
발달하지 않아서 침이 입 밖으로
흐르지요.
시간이 지나면 자연스럽게 침을
삼키는 방법을 알게 된답니다.

눈의 가운데에 있는
동그란 것은
무엇일까요?

 표에서 글자를 찾아 동그라미 해 보세요.

머	리	카	락
속	눈	썹	가
새	동	머	손
우	자	리	발

알쏭달쏭 힌트

하나 사람마다 색깔이 달라요.

둘 빛이 들어가는 입구예요.

셋 고양이는 세로로 길쭉한 동공이 있어요.

눈동자

눈동자는 눈의 가운데에 있는
동그랗고 검은 점을 말해요.
눈의 색깔을 결정하는 홍채에 둘러싸여 있지요.
밝은 곳에서는 눈동자가 작아지고,
어두운 곳에서는 눈동자가 커진답니다.
우리는 눈동자를 통해 주변을 볼 수 있어요.

 궁금한 인체 이야기

홍채는 눈동자를 둘러싼,
색깔이 있는 부분이에요.
몸속에 있는 멜라닌 색소의
양에 따라 홍채의 색깔이
달라지지요. 멜라닌 색소는
인종에 따라 다르답니다.

우리 몸 구석구석에 피를 보내는 기관은 무엇일까요?

 보기 3개 중에서 정답을 골라 보세요.

① 손
② 발
③ 심장

알쏭달쏭 힌트

하나 매일 쿵쾅쿵쾅 뛰고 있어요.

둘 대부분 왼쪽 가슴에 있어요.

셋 뇌와 함께 우리 몸에 가장 중요한 기관이에요.

③ 심장

피는 우리 몸에 꼭 필요한 산소를 가지고 있어요.
심장은 끊임없이 움직이면서
피를 몸 구석구석까지 보내는 역할을 해요.
주먹을 쥔 것처럼 둥근 모양에,
두꺼운 근육으로 이루어져 있지요.
우리 몸에 꼭 필요한 기관 중 하나랍니다.

 궁금한 인체 이야기

어른의 심장은 1분에
60~100번 정도 뛰는데,
어린이의 심장은 어른보다
더 빨리 뛰어요. 운동할 때는
심장이 빨리 뛰고, 편하게
쉴 때는 천천히 뛴답니다.

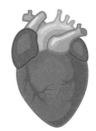

손가락 끝에서 손가락을 보호하는 기관은 무엇일까요?

 초성을 보고 정답을 맞혀 보세요.

ㅅㅌ

🔍 알쏭달쏭 힌트

하나 매일 자라기 때문에 제때 잘라야 해요.

둘 매니큐어를 발라 예쁘게 꾸밀 수 있어요.

셋 영어로는 'nail'이라고 해요.

인체 호기심 11

손톱

손톱은 손끝을 보호하는 중요한 역할을 해요.
손톱 덕분에 숟가락이나 젓가락,
연필을 잡을 때 손끝이 아프지 않지요.
반투명하고 단단해서 뼈처럼 느껴지지만,
뼈가 아닌 피부랍니다. 손끝을 보호하기 위해서
피부가 단단하게 변한 것이지요.

궁금한 인체 이야기

손톱이 자라는 속도는 사람마다
다르지만, 평균적으로 매일
약 0.1밀리미터씩 자라요.
손톱이 길어지면 그 안에
세균이 살기 쉬워요. 그래서
제때 깎는 것이 중요하지요.

인체 호기심 12

나는 무엇일까요?

 그림자를 보고 정답을 맞혀 보세요.

 알쏭달쏭 힌트

하나 소리를 들을 때 사용해요.

둘 머리의 양쪽에 하나씩, 모두 두 개가 있어요.

셋 높은 곳에 올라가면 먹먹해져요.

귀

귀는 소리를 들을 때 사용하는 기관이에요.
소리는 귀로 들어와서 고막과 달팽이관을 흔들고,
흔들림을 통해 뇌에 소리를 전달하지요.
고막은 0.1밀리미터 정도로 아주 얇답니다.
귀가 오른쪽과 왼쪽에 하나씩 있기 때문에
소리가 들리는 방향을 정확하게 찾을 수 있어요.

 궁금한 인체 이야기

갑자기 높은 곳으로 올라갈 때
귀가 먹먹해지는 것은
공기의 압력이 갑자기 달라져
고막이 부풀었기 때문이에요.
침을 삼키거나 껌을 씹으면
원래대로 돌아온답니다.

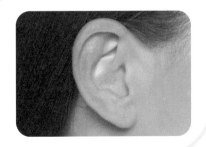

· 인체 호기심 13 ·

배꼽은 엄마와 아기가 탯줄로 연결되어 있던 흔적이에요.

 맞으면 O, 틀리면 X에 동그라미 하세요.

🔍 알쏭달쏭 힌트

하나 배의 한가운데에 있는 구멍이에요.

둘 아무 역할도 하지 않아요.

셋 아기는 엄마 배 속에서 이곳으로 영양분을 받아요.

아기가 엄마의 배 속에 있을 때,
엄마와 아기는 탯줄로 연결되어 있어요.
아기는 탯줄을 통해 산소와 영양분을 전달받지요.
아기가 태어나면 탯줄을 자르는데,
탯줄이 떨어지면서 남은 흔적이 바로 배꼽이에요.
배꼽은 아기가 태어난 뒤에는
아무 역할을 하지 않는답니다.

 궁금한 인체 이야기

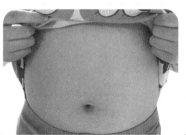

배꼽처럼 이전에는 생활에서
쓸모가 있었지만, 지금은
사용하지 않는 기관을
'흔적 기관'이라고 불러요.
또 다른 흔적 기관으로는
꼬리뼈와 사랑니 등이 있지요.

입으로 먹은 음식이
위로 전달되는 통로는
무엇일까요?

 표에서 글자를 찾아 동그라미 해 보세요.

머	리	카	락
배	식	도	귀
곱	눈	동	자
손	썹	심	장

🔍 알쏭달쏭 힌트

하나 근육이 움직이며 음식물을 아래쪽으로 밀어요.

둘 기다란 관 모양이에요.

셋 공기가 통하는 통로는 '기도'라고 불러요.

식도

소화의 첫 부분을 담당하는 기관은 바로 식도예요.
우리가 음식을 잘게 씹어 삼키면,
식도는 근육을 조였다 풀었다 반복하며
음식이 위에 들어가게 돕지요.
식도를 지난 음식이 다시 올라오는 것을
막는 역할도 한답니다.

 궁금한 인체 이야기

음식을 잘못 삼켰을 때 기침이
나는 것을 '사레'라고 해요.
음식이 공기가 지나가는 길인
기도로 잘못 들어가면,
음식을 빼내려고 자연스럽게
기침이 나는 것이지요.

인체 호기심 15

우리가 음식의 맛을 느낄 수 있도록 하는 기관은 무엇일까요?

 보기 3개 중에서 정답을 골라 보세요.

① 배
② 팔
③ 혀

 알쏭달쏭 힌트

하나 입안에 있어요.

둘 오돌토돌한 돌기가 나 있어요.

셋 말할 수 있게 돕기도 해요.

③ 혀

혀는 여러 가지 중요한 역할을 해요.
혀의 움직임과 위치에 따라 발음에 영향을 주고,
음식의 맛을 구분할 수 있게 하지요.
혀에 있는 오돌토돌한 돌기들을
'맛봉오리'라고 부르는데, 맛봉오리 덕분에
다양하고 복잡한 맛을 구분할 수 있답니다.

 궁금한 인체 이야기

맛봉오리를 통해 다양한 맛을
느끼고, 음식의 질감이 어떤지
판단할 수 있어요.
음식을 입에 넣고 침과 잘 섞어
꼭꼭 씹으면 맛을 더 잘 느낄 수
있지요.

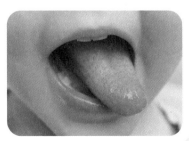

184

폼폼푸린이
좋아하는 말은
'외출'이에요.

 맞으면 O, 틀리면 X에 동그라미 하세요.

O X

 알쏭달쏭 힌트

하나 집에서 나와 밖으로 나간다는 뜻이에요.

둘 산책도 이것에 포함돼요.

셋 '나가자!'라고 말하면 바로 알 수 있어요.

O :답정

산리오캐릭터즈 14

포차코의 친구이자,
세 쌍둥이 병아리 자매의
이름은 무엇일까요?

 표에서 글자를 찾아 동그라미 해 보세요.

마	임	스	윕
쵸	포	토	플
피	짱	즈	사
티	키	라	뮤

 알쏭달쏭 힌트

하나 피요, 피코, 피푸 세 자매예요.

둘 포차코의 꼬리에 매달리는 것이 취미예요.

셋 셋의 하모니로 사람들을 즐겁게 만들어요.

정답 : 피요쵸

186

한교동이
되고 싶어 하는 것은
무엇일까요?

 보기 3개 중에서 정답을 골라 보세요.

① **아이돌**
② **주먹밥**
③ **히어로**

 알쏭달쏭 힌트

하나 보통 사람들보다 뛰어난 재능을 가지고 있어요.

둘 용감하고 지혜로워요.

셋 곤란한 상황에 빠진 사람들을 도와요.

로어히 ③ : 답정

현실과
비슷하게 만든
가상 세계는?

인간처럼
학습, 판단하는
시스템은?

자동으로 나는
무인 항공기는?

스스로 움직이는
기계는?

· 6장 ·
미래 과학 호기심 퀴즈

미래과학 호기심 퀴즈

코딩
로봇
자율주행
드론
메타버스

신기하고 재미있는 퀴즈를 풀어요!

컴퓨터의 언어로 프로그램을 만드는 과정은 무엇일까요?

 초성을 보고 정답을 맞혀 보세요.

🔍 알쏭달쏭 힌트

하나 컴퓨터가 작업하도록 명령하는 과정이에요.

둘 프로그램 코드를 만들어요.

셋 게임을 만들 때도 이 과정이 필요해요.

191

코딩

코딩은 컴퓨터 프로그램을 작성하는 과정을 말해요.
사람들은 컴퓨터가 어떤 일을 할 수 있도록
파이썬이나 자바 등 다양한 프로그래밍 언어를
사용해 코드를 만들지요.
웹사이트를 만들거나 게임을 개발하는 등
다양한 분야에서 활용되고 있답니다.

 궁금한 미래 과학 이야기

코딩을 배우면 복잡한 문제를
단계적으로 해결할 수 있어요.
이 과정에서 문제를 효율적으로
해결하는 능력과 창의력을
키울 수 있지요. 코딩은 점점 더
중요한 기술이 되고 있답니다.

나는 무엇일까요?

 그림자를 보고 정답을 맞혀 보세요.

 알쏭달쏭 힌트

하나 사람을 대신해 스스로 움직이는 기계예요.

둘 사람과 닮은 모습으로 만들기도 해요.

셋 다양한 분야에서 활용되고 있어요.

로봇

어떤 작업을 위해 만든 기계를 로봇이라고 해요.
사람의 행동을 따라 하거나,
사람이 할 수 없는 일을 자동으로 할 수 있지요.
물건을 만드는 산업용 로봇부터,
스스로 학습하고 결정하는 인공 지능 로봇까지
종류가 아주 다양하답니다.

 궁금한 미래 과학 이야기

robot(로봇)은 체코어로
'억지로 일하다'라는 뜻의
robota(로보타)에서 나온
단어예요.
따라서 로봇은 '일하는 존재'
라는 뜻이 있어요.

자율 주행 자동차는 사람이 운전하지 않아도 스스로 움직여요.

 맞으면 O, 틀리면 X에 동그라미 하세요.

알쏭달쏭 힌트

하나 '자율'은 스스로, '주행'은 움직인다는 뜻이에요.

둘 더 안전하게 사용하기 위해 연구하고 있어요.

셋 대부분의 지하철은 자율 주행 중이에요.

교통수단이 사람의 조작 없이
스스로 움직이는 시스템을 자율 주행이라고 해요.
자율 주행을 통해 교통사고를 예방할 수 있고,
나이가 많거나 몸이 불편해서
운전이 어려운 사람들도
쉽게 이동할 수 있다는 장점이 있답니다.

궁금한 미래 과학 이야기

지하철처럼 자율 주행하는
교통수단을 탄다면 어떨까요?
운전자는 운전할 시간에 다른
일을 할 수 있어요. 자율 주행을
통해 사람들은 시간을 유용하게
활용할 수 있답니다.

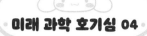

미래 과학 호기심 04

인간처럼 학습하고, 판단할 수 있는 시스템은 무엇일까요?

표에서 글자를 찾아 동그라미 해 보세요.

코	딩	새	인
자	동	차	공
딥	러	닝	지
무	지	개	능

 알쏭달쏭 힌트

하나 'AI'라고도 불러요.

둘 사람의 지능을 따라 만들었어요.

셋 매일매일 발전하고 있어요.

인공 지능

인공 지능은 컴퓨터나 로봇이
사람처럼 생각하고 배우는 기술을 말해요.
많은 정보를 빠르게 배우고,
그 정보를 바탕으로 새로운 결정을 하지요.
알파고도 바둑을 두기 위해 개발된
인공 지능 바둑 프로그램이랍니다.

 궁금한 미래 과학 이야기

인공 지능 로봇은 꾸준히
발전하고 있고, 다양한 분야에서
우리의 삶을 더욱 편리하게
만들고 있어요.
앞으로는 AI 교사, AI 의사,
AI 변호사가 생길지도 몰라요.

미래 과학 호기심 05

문제를 해결하기 위한 방법과 명령어의 집합은 무엇일까요?

 보기 3개 중에서 정답을 골라 보세요.

① **기계**
② **컴퓨터**
③ **알고리즘**

 알쏭달쏭 힌트

하나 프로그램을 만들기 전에 계획하는 단계예요.

둘 문제를 더 빠르고 쉽게 해결할 수 있어요.

셋 내가 좋아하는 글이나 영상을 추천해 줘요.

③ 알고리즘

어떤 문제를 해결하기 위해 필요한
단계나 방법의 모음을 알고리즘이라고 해요.
잘 짜인 알고리즘은 문제를 빠르고 쉽게
해결할 수 있도록 도와요.
또 알고리즘을 통해 컴퓨터나 로봇이
사람처럼 작업할 수 있답니다.

 궁금한 미래 과학 이야기

인터넷 인공 지능은 우리가
흥미롭게 보는 분야를 분석해서
취향에 맞는 새로운 콘텐츠를
추천해 주기도 해요.
이것 역시 알고리즘이 적용된
결과랍니다.

현실과 비슷하게 만든 가상 세계는 무엇일까요?

 초성을 보고 정답을 맞혀 보세요.

ㅁㅌㅂㅅ

 알쏭달쏭 힌트

하나 전 세계 사람들을 쉽게 만날 수 있어요.

둘 게임, 교육 등 다양한 활동을 경험할 수 있어요.

셋 가족과 떨어져 있어도 함께 시간을 보낼 수 있어요.

메타버스

메타버스는 가상 세계와 현실 세계가 연결된
디지털 공간을 뜻해요. 사람들은 메타버스에서
다른 사람들을 만나 이야기할 수 있고,
원하는 콘텐츠를 만들어 나눌 수 있지요.
메타버스는 사람들에게
새로운 경험과 소통의 방식을 제공한답니다.

 궁금한 미래 과학 이야기

메타버스에서는 공간을 디자인
하거나 모임에 참여하는 등
창의적인 활동을 할 수 있고,
나만의 세계를 만들 수 있어요.
또 아바타를 통해 회의나
콘서트에 참여하지요.

나는 무엇일까요?

 그림자를 보고 정답을 맞혀 보세요.

🔍 알쏭달쏭 힌트

하나 멀리서 조종할 수 있는 항공기예요.

둘 사람이 타지 않아요.

셋 카메라를 달아 공중에서 촬영할 수 있어요.

드론

멀리서 조종하거나 자동으로 날 수 있는
무인 항공기를 드론이라고 해요.
사람이 가기 어려운 곳에 쉽게 갈 수 있고,
섬세한 작업을 빠르게 할 수 있어 효율적이에요.
전파를 사용하기 때문에
선으로 연결할 필요가 없답니다.

 궁금한 미래 과학 이야기

드론은 군대에서 사용하기 위해
개발되었지만, 지금은
일반인도 사용할 수 있어요.
공중 촬영과 산불 감시,
물건 배송 등 다양한 분야에서
활용되고 있지요.

케로케로케로피가
사는 곳은 어디일까요?
(OO 연못)

 초성을 보고 정답을 맞혀 보세요.

ㄷㄴ

 알쏭달쏭 힌트

하나 가운데에 구멍이 뚫린 모양이 가장 유명해요.

둘 기름에 튀기거나 오븐에 구워 만들어요.

셋 전 세계 사람들에게 사랑받는 간식이에요.

도넛 : 답정

205

헬로키티의
쌍둥이 여동생의 이름은
무엇일까요?

 그림자를 보고 정답을 맞혀 보세요.

 알쏭달쏭 힌트

하나 매우 여성스러워요.

둘 오른쪽 귀에 리본을 달고 있어요.

셋 내성적이고 수줍음이 많은 성격이에요.

미미 : 답정

206

산리오캐릭터즈 18

마이멜로디의 취미는
엄마와 함께
쿠키를 굽는 것이에요.

 맞으면 O, 틀리면 X에 동그라미 하세요.

 알쏭달쏭 힌트

하나   엄마는 손재주가 좋아요.

둘   엄마의 취미는 베이킹이에요.

셋   엄마는 공예품을 만들기도 해요.

정답: O

207

어린이를 위한 궁금증 해결 100가지!

산리오캐릭터즈
호기심 과학 퀴즈 백과

1판 1쇄 인쇄 | 2024년 11월 8일
1판 1쇄 발행 | 2024년 11월 21일

발행인 | 심정섭
편집인 | 안예남
편집 팀장 | 최영미
편집 | 허가영, 이수진
디자인 | 박수진

브랜드 마케팅 | 김지선, 하서빈
출판마케팅 | 홍성현, 김호현
제작 | 정수호

발행처 | 서울문화사 등록일 | 1988.2.16. 등록번호 | 제2-484
주소 | 04376 서울특별시 용산구 새창로 221-19
전화 | 02-791-0708(판매), 02-799-9186(편집)
※잘못된 제품은 구입처에서 교환해 드립니다.

ISBN 979-11-6923-480-1

산리오캐릭터즈 17

헬로키티의
쌍둥이 여동생의 이름은
무엇일까요?

 그림자를 보고 정답을 맞혀 보세요.

 알쏭달쏭 힌트

하나 매우 여성스러워요.

둘 오른쪽 귀에 리본을 달고 있어요.

셋 내성적이고 수줍음이 많은 성격이에요.

미미 : 답정

산리오캐릭터즈 16

케로케로케로피가
사는 곳은 어디일까요?
(OO 연못)

초성을 보고 정답을 맞혀 보세요.

ㄷ ㄴ

 알쏭달쏭 힌트

하나 가운데에 구멍이 뚫린 모양이 가장 유명해요.

둘 기름에 튀기거나 오븐에 구워 만들어요.

셋 전 세계 사람들에게 사랑받는 간식이에요.

정답 : 도넛

산리오캐릭터즈 18

마이멜로디의 취미는 엄마와 함께 쿠키를 굽는 것이에요.

 맞으면 O, 틀리면 X에 동그라미 하세요.

O X

 알쏭달쏭 힌트

하나 엄마는 손재주가 좋아요.

둘 엄마의 취미는 베이킹이에요.

셋 엄마는 공예품을 만들기도 해요.

O : 月윤

어이를 위한 궁금증 해결 100가지!

산리오캐릭터즈
호기심 과학 퀴즈 백과 🧪

1판 1쇄 인쇄 | 2024년 11월 8일
1판 1쇄 발행 | 2024년 11월 21일

발행인 | 심정섭
편집인 | 안예남
편집 팀장 | 최영미
편집 | 허가영, 이수진
디자인 | 박수진
브랜드 마케팅 | 김지선, 하서빈
출판마케팅 | 홍성현, 김호현
제작 | 정수호
발행처 | 서울문화사 등록일 | 1988.2.16. 등록번호 | 제2-484
주소 | 04376 서울특별시 용산구 새창로 221-19
전화 | 02-791-0708(판매), 02-799-9186(편집)
※잘못된 제품은 구입처에서 교환해 드립니다.

ISBN 979-11-6923-480-1